Der kleine Trauerbegleiter

Natalie Katia Greve/
Jeanine Reble

Der kleine Trauerbegleiter

Patmos Verlag

Inhalt

Was ist eigentlich Trauer? 10

Wann trauern wir? 12

Jeder trauert anders 14

Die Trauer – Freundin oder Feindin? 18

Brief an meine Trauer 20

»Anderen geht es doch viel schlechter« 24

Die Trauer kommt selten allein 26

Emotionen in der Trauer 30

Ein Notfallkoffer 36

Dein ganz persönlicher Notfallkoffer 40

Manches kannst du noch nachholen 42

Du allein entscheidest 44

Wenn Entscheidungen gemeinsam
  gefunden werden müssen 46

Nicht alles musst du sofort entscheiden 48

Trauerphasen 50

Traueraufgaben 52

Umstände, die unsere Trauer schwieriger
  machen können 56

Ein Verlust zieht andere Verluste nach sich 60

Mit wem kann ich noch sprechen? 62

Über Suchtmittel und Medikamente 64

Jetzt ist Hilfe wirklich sinnvoll ... 66

Leben ist auch eine Entscheidung 68

Was tut dir gut? 70

Trauern heißt erinnern 74

Meine schönste Erinnerung an dich und uns 82

Das vermisse ich so 84

Die Kraft der Rituale 86

Ich habe noch so viele Fragen ... 88

Ich werfe dir noch so viel vor 90

Trauer und Glauben 92

Den Sinn finden 94

Manche Tage sind so schwierig 96
Bist du immer noch traurig? – Ja, denn er
  ist immer noch tot! 98
Was ist, wenn ich erleichtert bin? 100
Integrieren statt loslassen 101
Wie hat sich meine Trauer schon verändert? 104
Ich mache das gut! 108
Freude, Liebe, Hoffnung, Spaß 110
Ich will dich nicht ersetzen 111
Du darfst wieder glücklich sein! 112
In die Zukunft blicken 114
Wer bin ich ohne dich? 116
Abschied von der Trauerrolle 120
Ein paar Worte zum Schluss 122
Hilfreiche Adressen 124
Die Autorinnen 126

Hallo
liebe Leserin, hallo lieber Leser,

... auch wenn der Grund, aus dem du dieses Buch in den Händen hältst, aller Wahrscheinlichkeit nach ein trauriger ist: Schön, dass du da bist! Dürfen wir uns kurz vorstellen? Wir sind Natalie und Jeanine. Wir haben als Trauerbegleiterinnen und Coaches schon viele Menschen durch ihre Trauer begleitet und vor allem kennen wir die Trauer auch durch eigene Verlusterfahrungen sehr gut. Dabei ist uns aufgefallen, dass die meisten Menschen in der Trauer gar nicht wissen, was mit ihnen passiert. So sind wir auf die Idee gekommen, die in unseren Augen wichtigsten Informationen zusammenzutragen.

Dabei herausgekommen ist dieser kleine Trauerbegleiter. Er ist nicht einfach nur ein Buch mit Erklärungen, sondern, wie es das Wort »Begleiter« schon aussagt, ein Weggefährte mit Übungen, Texten, Fragen und freien Seiten für deine eigenen Gedanken. In welcher Reihenfolge du es liest, ob du etwas hineinschreiben möchtest oder nicht, liegt in deiner Hand. Es ist wie mit deiner Trauer: Du bist die einzige Person, die weiß, was für dich richtig ist. Du entscheidest und niemand sonst.

Es geht in diesem Buch um die Trauer nach einem Todesfall, unabhängig von der Art und dem Zeitpunkt des Todes. Deswegen kann es sein, dass das eine oder andere für dich noch nicht, nicht mehr oder an sich nicht interessant ist. Dann überblättere die entsprechenden Seiten einfach. Auch wenn ein Text dir Angst macht, eine Frage dich überfordert oder etwas anderes komische Gefühle auslöst, lies woanders weiter oder lege das Buch für ein paar Tage zur Seite. Es gibt für jedes Thema einen richtigen Zeitpunkt und du entscheidest, wann es passt.

Ach ja, eines noch: Wir haben uns entschieden, dich in diesem Buch zu duzen. Über den verstorbenen Menschen schreiben wir in der männlichen Form. Wir haben es anders versucht, aber das war ziemlich konfus. Natürlich betrifft alles, was wir schreiben, »den« oder »die« Verstorbene/n.

Wir wünschen dir Kraft und dass unser kleiner Trauerbegleiter dir guttut.

Mit herzlichen Grüßen

Deine Natalie
und Jeanine

Was ist eigentlich Trauer?

Es gibt sehr viele verschiedene Definitionen von Trauer. Uns gefällt diese hier am besten: Trauer ist die natürliche Antwort unseres Organismus auf einen Verlust. Er weiß instinktiv, wie er mit der Trauer umgehen muss.

Dabei kann der Verlust an den Tod oder an das Leben erfolgen (das ist z.B. bei einer Trennung der Fall). Trauer ist also nicht der Verlust selbst, sondern die Reaktion darauf. Wir betrauern den Verstorbenen genauso, wie alles, was war und nie wieder sein wird.

Trauer ist kein gleichbleibender Zustand, sondern ein sich verändernder Prozess. Auch wenn wir das manchmal nicht merken: Die Trauer verändert sich immer wieder.

Trauer kommt von dem altenglischen Wort »drusian« und bedeutet so viel wie »matt sein, ohne Kraft«. Sie bezeichnet einen emotionalen Zustand, zu dem viele Facetten gehören, wie zum Beispiel Traurigkeit, aber auch Wut, Schuld, Taubheit und viele andere mehr.

Trauer ist unvermeidbar, sie hilft uns, dass wir uns auf die veränderten Lebensumstände einstellen können. Es ist also wichtig zu trauern und wir tun dies immer dann, wenn es zu einem Verlust oder Abschied in unserem Leben kommt.

Es ist in jedem Fall ganz ratsam, dass du auf dich achtgibst, denn Trauer gilt als die anstrengendste Stressreaktion für den menschlichen Organismus, d.h. du leistest schwere Arbeit. Es ist gut, dir das immer wieder vor Augen zu führen, denn viele Menschen haben die Tendenz, ganz schön hart mit sich umzugehen, wenn sie nicht wie gewohnt »funktionieren«.

Trauer ist keine Krankheit!

Wann
trauern wir?

Trauer kann vielfältige Ursachen haben und auch, wenn wir uns in diesem Buch mit der Trauer nach einem Todesfall beschäftigen, möchten wir gerne ein paar weitere Gründe aufführen, warum Menschen trauern. Einige dieser Auslöser werden manchmal »belächelt« oder erhalten nicht so viel Verständnis wie andere. Es ist uns aber wichtig zu betonen, dass jede Trauer ihre Berechtigung hat und wir den Schmerz eines Menschen weder bewerten noch wegdiskutieren können.

Vielleicht hilft es dir, ein paar Auslöser für Trauer zu kennen, um dich selbst und deine Reaktionen in manchen Situationen besser zu verstehen:

Tod eines Menschen

Tod eines Tieres

Fehlgeburt/Totgeburt

Trennung/Scheidung

Abtreibung

Verlust des Arbeitsplatzes

Abschied aus dem Berufsleben

Umzug/Verlust von Heimat

Verlust der Gesundheit durch Unfall oder Krankheit

Verlust finanzieller Sicherheit

Verlust von Vertrauen etc.

Jeder trauert anders

In der Trauer gibt es einige Gemeinsamkeiten und dennoch ist Trauer genauso individuell wie die Menschen. Jeder trauert anders. Und solange wir keinem anderen Menschen Schaden zufügen, gibt es dabei kein Richtig und kein Falsch.

Trauer zeigt sich in vielen verschiedenen Ausdrucksformen. Vielleicht fühlst du dich kraftlos oder abgetrennt von dir selbst, vielleicht bist du unruhig und rastlos. All das können Zeichen deiner persönlichen Art zu trauern sein. Wichtig ist es, sich nicht mit anderen zu vergleichen oder die Trauer eines anderen Menschen zu bewerten, denn es gibt keinen Maßstab, der bestimmt, wie man zu trauern hat. Neben individuellen Unterschieden in der Art zu trauern gibt es auch Unterschiede zwischen den Geschlechtern und zwischen Erwachsenen und Kindern. Uns ist klar, dass es auch hier Ausnahmen gibt, dennoch können wir einige typische Verhaltensmuster erkennen.

Trauer bei Frauen

Frauen verarbeiten die Trauer oft mehr über das Reden und indem sie – auch für andere wahrnehmbar – ihre Emotionen durchleben. Sie suchen sich zumeist schneller als Männer professionelle Hilfe oder vertrauen sich ihren Freundinnen an. Trauergruppen sind oft hilfreich für sie, weil sie dem Wunsch nach Austausch und Gemeinsamkeit nachkommen. Viele Frauen nutzen Rituale oder Symbole als Hilfe, um ihre Trauer zu bewältigen.

Trauer bei Männern

Männer machen die Dinge eher mit sich aus, versuchen logische Strategien zur Trauerbewältigung zu finden, verschließen sich häufiger und kehren vermeintlich schneller in den Alltag zurück. Es wirkt häufig fast so, als wollten sie die Geschehnisse und den Verlust ausblenden, aber natürlich existiert die Trauer im Inneren weiterhin. Männer entwickeln entsprechend häufiger psychosomatische Symptome, die keinen organischen Ursprung haben. Oft kommt es auch zu Aggressionen oder zu einer falsch verstandenen Selbstmedikation durch Alkohol, Drogen etc. Deshalb ist es für Männer wichtig, ein Ventil für die eigenen Emotionen zu finden, die ja dennoch da sind: Sport, Freunde oder auch professionelle Hilfe, zum Beispiel in Trauergruppen für Männer, denn vielen fällt es leichter, sich fremden Menschen gegenüber zu öffnen als nahestehenden.

Trauer bei Paaren

Eine stabile Beziehung ist gerade in schwierigen Zeiten wichtig. Doch weil Männer und Frauen anders trauern, ist es für Paare eine große Herausforderung, dennoch die Verbindung zueinander zu halten und Verständnis füreinander zu haben. Wenn jeder sich mitteilen darf (dann, wann er will!) und Wertschätzung für seine individuelle Trauer erfährt, ist schon viel gewonnen. Auch eine Paartherapie kann helfen, wieder miteinander in Verbindung zu kommen und zu kommunizieren.

Trauer bei Kindern

Kinder trauern anders als Erwachsene. Sie gehen mit ihrer Trauer und ihren Gefühlen häufig viel selbstverständlicher um, wenn sie das Gefühl haben, es in der entsprechenden Umgebung auch zu dürfen. Immer wieder werden wir gefragt, ob Kinder mit auf die Beerdigung gehen oder den Verstorbenen noch einmal sehen dürfen. Fragt euer Kind, ob es das möchte, und ermutigt es, dies zu tun (ohne zu überreden). Egal in welchem Alter, ist es in den meisten Fällen am besten, das Kind zu integrieren, damit es auf seine Weise Abschied nehmen kann. Redet offen mit Kindern über den Tod und die Umstände. Nichts ist schlimmer als Geheimnisse. Das Kind spürt, dass etwas nicht in Ordnung ist. Bleibt das Geschehen im Dunkeln, entstehen bei Kindern oft Schuldgefühle, z.B. dass sie den Tod des Verstorbenen in irgendeiner Weise mit zu verantworten haben, etwa weil sie nicht gehorcht haben.

Kinder brauchen weiterhin ihre Routine, die Sicherheit, dass die Menschen, die noch da sind, sich um sie kümmern. Nehmt das Kind und seine Gefühle in allen Belangen ernst, erinnert euch gemeinsam, zum Beispiel in Form von Fotos, Erinnerungsbüchern etc. Kinder verarbeiten ihre Trauer oft auf spielerische Weise und »springen« in ihren Emotionen hin und her. Sind sie in einem Moment noch traurig und weinen, dann wollen sie im nächsten wieder toben.

Das ist absolut o.k. und gut so.

Es gibt Trauergruppen für Kinder, in denen sie auf andere Kinder in der gleichen Situation treffen, was oft als sehr hilfreich beschrieben wird. Sollte das Kind ein auffälliges Verhalten zeigen, dann wendet euch bitte an den Kinderarzt. Der kann euch sagen, wie und wo ihr Hilfe bekommen könnt. Manchmal ist es sinnvoll, ihn schon ganz zu Anfang zu kontaktieren, zum Beispiel, wenn Eltern oder Geschwister gestorben sind. Dann kann er das Kind entsprechend begleiten. Informiert auch die weiteren Bezugspersonen des Kindes wie Lehrer*innen, Erzieher*innen, Tagesmutter etc.

Die Trauer

Freundin oder Feindin?

Kein Mensch trauert gerne und wir haben es uns meistens nicht ausgesucht, dass die Trauer in unser Leben kommt. Wir schimpfen deshalb vielleicht oft auf sie und machen sie für alles verantwortlich. Dabei ist die Trauer nur die Reaktion auf das, was passiert ist. Die Trauer ist sehr gesund, wenn auch schmerzhaft und oftmals angsteinflößend. Eigentlich sind wir wütend oder traurig auf die Tatsache, dass wir jemanden Wichtiges verloren haben.

Übung:

Die Feindin zur Freundin machen

Wenn wir uns darauf konzentrieren, wütend auf die Trauer zu sein, dann nehmen wir uns sehr viel Energie, die wir eigentlich brauchen, um den Verlust zu verarbeiten. Deshalb ist es sinnvoll, sich die Trauer zur Freundin zu machen, mit der wir gemeinsam traurig sein dürfen, auf die wir mal schimpfen, die wir mal nicht sehen wollen oder dann wieder sehr brauchen.

Stell dir einmal vor, wie deine Trauer aussieht. Ist sie eine Person, ein Tier, eine Farbe oder ein Symbol? Gib deiner Trauer einen Mund zum Sprechen und Ohren zum Hören, damit du mit ihr kommunizieren kannst. Frage sie alles, was ihr und dir auf dem Herzen liegt, und lausche dem, was sie antwortet.

Brief
an meine
Trauer

Versuche einmal, deiner Trauer einen Brief zu schreiben. Bitte sie, dir zu helfen und dich zu begleiten. Sage ihr, was dich belastet, was dich wütend oder traurig macht.

Liebe Trauer,

 Manchmal vergessen wir, dass wir uns
an die Trauer wenden können. Dann ist
es gut, wenn du etwas hast, was dich
daran erinnert, z.B. den berühmten
Knoten im Taschentuch.

Anderen geht es doch viel schlechter

»Anderen geht es doch viel schlechter. « Diesen Satz hören wir von Trauernden in unseren Begeleitungen sehr oft und es ist sehr wahrscheinlich, dass wir einen Menschen finden würden, dessen Situation von außen betrachtet noch schlimmer oder trauriger ist als unsere eigene.

Was aber ist der Maßstab für diese Aussage und hilft es dir, so zu denken? Deine Gedanken und Gefühle sind real; den Schmerz, die Wut und die Traurigkeit empfindest du derzeit so und das ist das Einzige, was zählt. Du bist der Maßstab für deine Trauer und du hast ein Recht auf sie.

Die Trauer **kommt selten allein**

Wenn die Trauer in unser Leben tritt, bringt sie viele Begleiter mit. Das können körperliche Erscheinungen, Gefühle oder Gedanken sein. Manchmal erscheinen sie uns unlogisch oder sie widersprechen sich irgendwie. Manchmal ändern sie sich auch von einer Minute zur anderen oder sie wollen so gar nicht in das Bild passen, das wir von der Trauer haben. So wie die Trauer sind auch ihre Begleiter individuell verschieden. Da das Fremde manchmal Angst macht, ist es hilfreich, auch diese Begleiter besser kennenzulernen.

Ganz wichtig ist: Du bist nicht verrückt! Das glauben nämlich viele Trauernde, wenn sie sich die Dinge nicht richtig erklären können. Du befindest dich in einem Ausnahmezustand und sowohl die Trauer als auch ihre Begleiter werden sich verändern und größtenteils wieder vergehen.

Körperliche Begleiterscheinungen

Weil der Körper und unser Nervensystem eng mit dem Trauerprozess verbunden sind, kann es sein, dass körperliche Symptome auftreten, die auf die Trauer zurückzuführen sind. Doch auch wenn die körperlichen Begleiterscheinungen häufig zeitgleich mit dem Verlust eintreten und scheinbar logisch damit in Verbindung stehen, ist es wichtig, genau hinzuschauen. Wende dich an deinen Arzt, um sicherzugehen, welchen Ursprung deine Beschwerden haben.

Zu den körperlichen Symptomen, die häufig mit Trauer einhergehen, gehören:

- Beklemmungen im Brustbereich
- zugeschnürte Kehle
- Atembeschwerden
- Ohrenrauschen
- Völlegefühl
- Appetitlosigkeit
- Heißhungerattacken
- Energiemangel
- Taubheit
- Reizempfindlichkeit
- Erschöpfung

- Unruhe
- Empfindung von Kälte
- Schlafstörungen trotz Müdigkeit
- Sehstörungen
- sexuelle Unlust
- Ekel und Angst vor Berührung
- Schweißausbrüche
- Kopf- und Gliederschmerzen
- Hyperaktivität

Welche Begleiterscheinungen auf körperlicher Ebene sind dir vertraut?

Mentale Begleiterscheinungen

Viele mentale Begleiterscheinungen erklären sich von allein, andere wirken vielleicht ganz fremd auf uns. Dazu gehören zum Beispiel die Wahrnehmungsstörungen. Es kann sein, dass wir die scheinbar gleichen Symptome ausbilden wie der Verstorbene oder dass wir körperliche Reaktionen dort verspüren, wo der Verstorbene verletzt wurde. Das hört sich befremdlich an, ist aber ein bekanntes Phänomen.

Etwas, was nicht nur für Trauernde selbst, sondern auch für andere Menschen sehr verstörend wirken kann, ist das Phänomen der Sprachlosigkeit. Manchmal verschlägt uns die Trauer im wahrsten Sinne des Wortes die Sprache. Das ist eine Weise unserer Psyche, mit Stress umzugehen. Hier kann es sinnvoll sein, sich professionelle Hilfe zu holen.

Weitere mentale Begleiterscheinungen sind zum Beispiel:

- Sinnestäuschungen, z.B. den Verstorbenen überall sehen
- Leugnen
- Verwirrung
- Verlangsamung
- Fassungslosigkeit
- Konzentrationsschwäche
- Träume, Albträume und Wachträume
- Gedankenkarussell
- Verdrängung
- Schuldgefühle
- Selbstvorwürfe

- Reden wie ein Wasserfall
- Vergesslichkeit
- Glorifizierung des Verstorbenen, d.h. so tun, als ob der Verstorbene durchgehend perfekt war
- Abwertung des Verstorbenen, d.h. so tun, als ob der Verstorbene nur schlecht war
- Gefühl des Abgetrenntseins, so als wäre mein Kopf in Watte gepackt

Welche mentalen Begleiterscheinungen kennst du aus eigener Erfahrung?

Emotionale Begleiterscheinungen

Auch auf emotionaler Ebene finden sich viele »merkwürdige«, aber bekannte Phänomene. Manchmal ist dir nach Weinen zumute, aber du fängst an zu lachen. Es ist wie eine Hysterie, die aus der Überforderung entsteht.

Vielleicht möchtest du schreien oder weinen, aber es geht nicht. Manchmal tauchen kurz nacheinander Gefühle auf, die sich in deinen Augen vielleicht widersprechen. Es kann sein, dass du dich in einem Moment ganz traurig fühlst und im nächsten total wütend bist. Das Gleiche kann dir auch mit deinen Gedanken passieren. Diesen Zustand bezeichnet man als Ambivalenz.

Das sind Beispiele für emotionale Begleiterscheinungen der Trauer:

Niedergeschlagenheit	Befreiung
Traurigkeit	Neid
Einsamkeit	Selbstmitleid
Leere	Unsicherheit
Hoffnungslosigkeit	Schmerz
Verzweiflung	Bitterkeit
Angst	Gereiztheit
Wut	Überempfindlichkeit
Hilflosigkeit	Ekel
Sehnsucht	Missgunst
Abgestumpftheit	Feindseligkeit
Gleichgültigkeit	Hass
Lustlosigkeit	Scham
Aggression	Frust
Erleichterung	

 Welche emotionalen Begleiterscheinungen der Trauer hast du schon erlebt?

Emotionen
in der
Trauer

Die Emotionen, die wir in der Trauer erleben, empfinden wir oft als überwältigend, sie erscheinen uns lästig oder einfach nur schmerzhaft. Das können sie auch sein und doch sind sie so wichtig für uns, denn sie wollen uns helfen, den Verlust zu realisieren und zu betrauern.

Manchmal geben wir den Emotionen keinen Raum und das ist o.k., denn nicht immer passt es, sie auszuleben. Doch sie kommen wieder zurück und wenn wir sie dauerhaft nicht leben, können sie in körperliche Leiden umschlagen.

»Der Weg hinaus führt oftmals hindurch.« So ist das bei den Emotionen. Sollte der Zustand emotionaler Taubheit bei dir über längere Zeit anhalten, ist es ratsam, dass du dir Hilfe holst.

Auf den nächsten Seiten schauen wir uns einmal an, wofür die einzelnen Emotionen gut sind. Das kann helfen, sie zu uns einzuladen, statt sie zu bekämpfen.

Traurigkeit

Die Traurigkeit hilft uns, einen Verlust zu realisieren, zu beweinen und dann zu akzeptieren.
Wir brauchen sie, um Abschied zu nehmen
und dann weitermachen zu können. Traurig
zu sein ist jedoch nicht gleichbedeutend mit
weinen, denn das können einige Menschen nicht.
Manchmal bringt es Erleichterung, den Tränen freien Lauf zu lassen. Wenn du nicht weinen kannst, es aber möchtest, dann versuche
einmal, traurige Musik zu hören oder einen traurigen Film zu sehen.
Oft löst das die innere Blockade.
Wir wissen von vielen Trauernden, dass sie Angst haben, mit dem
Weinen anzufangen, weil sie denken, dass sie dann nie wieder aufhören werden. Hier dürfen wir dich beruhigen, das wird nicht passieren. Dein Körper kann die Traurigkeit nicht sehr lange aushalten und
braucht dann eine Regenerationsphase. Vielleicht hilft es dir, wenn
jemand bei dir ist und deine Hand hält.

Wut

Wut entsteht, wenn uns jemand oder etwas verletzt, wenn wir etwas als ungerecht empfinden oder wir uns angegriffen fühlen. In der
Trauer haben wir manchmal genau diese Auslöser. Wir sind verletzt,
weil uns jemand verlassen hat, wir empfinden es als ungerecht, dass
wir jetzt mit den ganzen Gefühlen und Gegebenheiten allein sind.
Wut kann sich gegen den Verstorbenen, gegen Gott, andere Menschen, behandelnde Ärzte etc. richten.
Wut zuzulassen oder sie zu empfinden ist nicht immer einfach, aber
du hast ein Recht auf deine Wut. Wenn du sie nicht in
Aggressionen gegen dich oder andere umleitest,
ist Wut eine starke Energie, die dir helfen kann
weiterzuleben. Schlucke sie nicht runter, sondern
gib ihr Raum, indem du zum Beispiel einem
Handtuch »den Hals umdrehst« und dabei
tief ein- und ausatmest. Oder schlage mit einer

Papierrolle oder Poolnudel auf eine Matratze ein, schreie ganz laut, mache Sport etc. Finde etwas, um dich abzureagieren. Aller Wahrscheinlichkeit nach wirst du dich anschließend befreiter fühlen. Häufig braucht es für Wut eine Erlaubnis. Mach dir bewusst, dass du sehr wahrscheinlich auch zu Lebzeiten mal wütend auf die verstorbene Person warst und sie dennoch nicht weniger geliebt hast.

Es kann sein, dass sich unter der Wut eine andere Emotion verbirgt, zum Beispiel Traurigkeit oder Schuldgefühle. Unsere Emotionen funktionieren häufig wie eine Zwiebel. Unter dem einen liegt das andere.

Humor und Sarkasmus

Lachen ist die beste Medizin, so sagt es der Volksmund, und wir glauben, dass das wirklich stimmt. Zum einen ist es so, dass du, wenn du lachst, nicht gleichzeitig Angst haben oder an etwas Trauriges denken kannst. Zum anderen befreit Lachen und reißt den Mantel der Trauer für eine gewisse Zeit auf.

Viele Menschen denken, dass sie nicht mehr lachen dürfen, weil ja jemand gestorben ist. Du bist aber noch da. Deshalb darfst und sollst du wieder lachen.

Häufig hören wir, dass Menschen sich erschrecken, weil sie in der Trauer einen ganz schwarzen Humor entwickeln und sarkastisch werden. Oder aber sie verpacken traurige Aussagen in eine humorvolle Hülle. Auch das ist völlig normal und gesund. Traurig ist es von ganz allein. Humor und Sarkasmus helfen uns, auch Schwieriges in Worte zu fassen.

Für Außenstehende ist das zwar manchmal befremdlich, aber das macht nichts. Jeder findet seinen eigenen Umgang mit dem Verlust.

Schuld

Manchmal fühlen wir uns nach einem Verlust schuldig, weil wir denken, dass wir etwas falsch gemacht, versäumt oder gar ausgelöst haben. Egal, ob es sich um eine wirkliche oder um eine angenommene Schuld handelt, ist es wichtig, dieses Schuldgefühl ernst zu nehmen, denn es hat einen Sinn. Schuld ist immer ein aktives Gefühl, das die Ohnmacht, also das Gefühl, einer Situation ausgeliefert zu sein, von uns fernhält. Schuldgefühle können nicht weggeredet werden. Jedoch kann eine sachliche Überprüfung der eigenen Schuld in manchen Fällen helfen. Nicht immer gelingt es, diese Überprüfung mit sich selbst durchzuführen. Dann ist es gut, auf eine Perspektive von außen zurückzugreifen.

Für manche reicht die Versicherung von Freunden und Familie, »nicht schuld zu sein«, andere benötigen professionelle Unterstützung. Diese ist vor allem dann ratsam, wenn du oder jemand anderes eine reale Mitschuld trägt. Menschen machen Fehler, das ist leider so und manche haben dramatische Folgen. Um diese Schuld wirklich zu verarbeiten, kann professionelle Hilfe sinnvoll sein.

Das Schuldgefühl ist eine Möglichkeit, mit dem verstorbenen Menschen in Verbindung zu bleiben. Wir wünschen dir, dass du das auf Dauer mit anderen Mitteln kannst.

Scham

Scham und Schuld gehen oft Hand in Hand.

Nicht jeder, der trauert, sieht sich mit dem Thema Scham konfrontiert. Scham entsteht in unserem Inneren, wenn zum Beispiel unsere Werte oder unsere Würde durch uns selbst oder durch andere verletzt werden. Oder wenn wir nicht so handeln dürfen, wie es unserem Empfinden entsprechen würde. Nehmen wir als Beispiel die Geliebte, die genauso schmerzlich vom Verlust des Partners betroffen ist wie dessen Ehefrau, die aber nach den gesellschaftlichen Maßstäben nicht das gleiche Recht auf Trauer hat.

Scham ist eng mit unserem Innersten, mit unserer Identität verbunden. Sie bewirkt, dass wir uns mutterseelenallein fühlen, weil sie die Illusion erzeugt, dass niemand uns versteht. Wir fühlen uns im Gegenteil sogar ertappt oder bloßgestellt. Scham trennt uns von den Menschen, deren Urteil oder Zuneigung uns wichtig ist, und führt oftmals in die Isolation. Doch gerade in der Trauer haben wir oft das Bedürfnis, nicht allein zu sein und verstanden zu werden.

Solltest du dich der Scham hilflos ausgeliefert fühlen, versuche doch einmal Folgendes:

Erzähle jemandem davon, warum du dich schämst, und schau dir genau an, wie dein Gegenüber darauf reagiert. Frage nach, ob die andere Person deine Bewertung nachvollziehen kann oder ob sie eine andere Sicht auf die Dinge hat. Verurteilt sie dich genauso wie du dich? Wie fühlt sich das an? Kannst du die Sichtweise der anderen Person nachempfinden?

Neue Erfahrungen zu machen, kann uns helfen, uns mit uns und anderen wieder sicherer zu fühlen und unseren Selbstwert wiederherzustellen.

Angst

Der Verlust eines geliebten Menschen kann uns Angst machen. In der Trauer sind wir mit so viel Neuem konfrontiert, von dem wir noch nicht wissen, wie wir damit umgehen sollen oder wie wir es lösen können.

Sowohl die Todesumstände als auch mögliche daraus entstehende Bilder, egal ob real oder unserer Fantasie entsprungen, können Angst machen. Unsere Fantasie baut sich aus Gehörtem und Erlebtem manchmal Bilder zusammen, die es so nie gegeben hat. Diese sind häufig noch schlimmer als die Realität. Sollten diese Bilder dich quälen, dann wende dich an einen Therapeuten oder an eine Therapeutin. Eine professionelle Begleitung kann dir helfen, besser mit ihnen umzugehen.

Das gilt auch, wenn du merkst, dass du über einen längeren Zeitraum hinweg aus Angst Situationen vermeidest, die früher für dich ganz alltäglich waren. Manchmal ist es eine gute Möglichkeit, die angstauslösende Situation in kleinere »Häppchen« aufzuteilen. Zum Beispiel kannst du dir einen Karton nach dem nächsten vornehmen, wenn du die Dinge des Verstorbenen sichtest, anstatt alle auf einmal.

Ein Not-fallkoffer

Manchmal verlieren wir uns in unseren Emotionen und sehen kein Licht mehr. Es fühlt sich an, als würden sie uns komplett einhüllen. Dann ist es gut, auf etwas zurückgreifen zu können, was uns Distanz zu den schwierigen Gefühlen verschafft. Hier findest du ein paar Vorschläge, von denen wir wissen, dass sie in solchen Situationen hilfreich sind. Natürlich ist nicht jede Übung für jeden geeignet. Probiere einfach aus, was dir hilft.

Mach dir klar: Es ist nur ein Gefühl oder ein Gedanke.
Du bist nicht dieses Gefühl oder dieser Gedanke.

Stell dir vor, dieses Gefühl oder dieser Gedanke wäre eine
Person oder eine Märchenfigur. Sprich sie an und frage sie,
was du tun kannst, damit sie nicht mehr ganz so übermäch-
tig ist.

Begib dich in die Position eines kleinen Vogels, der
einige Meter über deinem Kopf fliegt. Sieh auf dich selbst
herab und frage dich, was du dir aus dieser Position heraus Tröstendes und Aufmunterndes sagen würdest.

Stell dir vor, du könntest die Trauer durch eine Kamera
betrachten und sie mithilfe des Zooms verkleinern. Übe das
regelmäßig, dann wird es einfacher.

Schreibe alles auf, was dich gerade beschäftigt. Du kannst
einen Brief schreiben und ihn an jemanden adressieren,
aber du musst es nicht. Vielleicht willst du das Geschrie-
bene auch lieber verbrennen, zerreißen oder vergraben.

Stell dir vor, was der Verstorbene dir jetzt sagen und
raten würde.

Schreib das Wort oder die Emotionen, die dich am meisten
beschäftigen, auf und assoziiere ganz frei alle Begriffe
dazu, die dir einfallen.

Stecke die Trauer oder das schlechte Gefühl für eine gewisse Zeit in einen Tresor. Visualisiere, wie du den Tresor wieder schließt, den Zahlencode eingibst, eventuell
auch den Schlüssel drehst etc. Stell dir jeden einzelnen
Schritt vor deinem inneren Auge vor. Manchmal braucht es
ein paar Anläufe, aber es funktioniert. So kannst du dir
Auszeiten schaffen oder Distanz zu den Dingen bekommen.

Betrachte dich selbst wie ein kleines Kind. Was braucht
dieses Kind jetzt?

▓ Was würdest du deinem besten Freund sagen, wenn er in deiner Situation wäre?

▓ Beiße in eine Chilischote, sprinte die Treppen rauf und runter, dusche dich kalt ab. Konzentriere dich auf den neuen Reiz, der da kommt.

▓ Tue etwas ganz achtsam, z.B. wasche ganz achtsam ab. Konzentriere dich nur auf das, was du gerade machst.

▓ Rufe jemanden an, suche Verbindung zu einer Person deines Vertrauens.

▓ Atme ganz bewusst mindestens zwanzigmal über die Nase ein und über den Mund aus.

▓ Zähle fünf Sachen auf, die du jetzt gerade hören, sehen und fühlen kannst. Dann machst du das Gleiche mit vier Sachen, drei Sachen, zwei Sachen usw.

▓ Spritze dir kaltes Wasser ins Gesicht und in den Nacken.

▓ Höre Musik (manchmal erreichen wir damit das Gefühl, das uns belastet, und können uns zum Beispiel ausweinen).

▓ Sieh dir ganz bewusst ein lustiges Video an.

▓ Schlage mit einer Schwimmnudel oder einer Geschenkpapierrolle auf deine Matratze ein. Das geht auch mit den Fäusten.

▓ Schreie in ein Kissen.

▓ Drehe einem Handtuch den Hals um und atme dabei, um deine Wut aus dem Körper zu bekommen.

▓ Versuche zu lachen, auch wenn dir nicht danach ist. (Wenn
  du mindestens 60 Sekunden lang die Mundwinkel zu einem Lachen nach oben ziehst, dann wird dein Gehirn Glückshormone
  aussenden.)

▓ Male ein Mandala aus.

▓ Kuschle dich ganz fest in eine Decke ein.

▓ Streichle dein Haustier.

Das Ziel all dieser Übungen ist, dass du eine Distanz zwischen dir und
den belastenden Gefühlen oder Gedanken herstellst. Das ist nicht ganz
leicht, aber einen Versuch ist es auf alle Fälle wert. Solltest du merken,
dass du dich deinen Emotionen dauerhaft hilflos ausgeliefert fühlst,
kann es ratsam sein, dir professionelle Hilfe zu holen.

Erste Hilfe

Dein ganz *persön-licher* Notfallkoffer

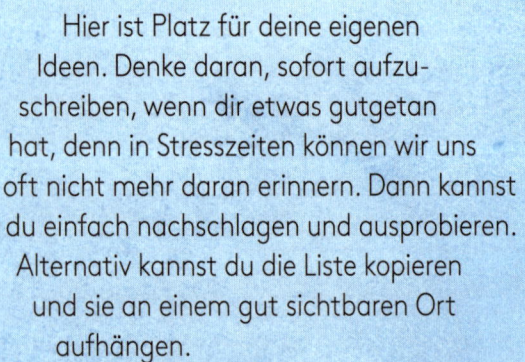

Hier ist Platz für deine eigenen Ideen. Denke daran, sofort aufzuschreiben, wenn dir etwas gutgetan hat, denn in Stresszeiten können wir uns oft nicht mehr daran erinnern. Dann kannst du einfach nachschlagen und ausprobieren. Alternativ kannst du die Liste kopieren und sie an einem gut sichtbaren Ort aufhängen.

Manches
kannst du noch nachholen

Wenn ein geliebter Mensch stirbt, dann gibt es so viel zu organisieren und oft sind daran ganz verschiedene Menschen beteiligt. Da kann es schnell passieren, dass einer deiner Wünsche nicht umgesetzt wurde oder du kein Mitspracherecht hattest.

Wenn dich dieser Wunsch weiterhin beschäftigt, dann ist er auch wichtig und wir laden dich dazu ein, das, was möglich ist, nachzuholen. Natürlich ist es nicht dasselbe wie in dem Moment des Verlustes, aber wir durften erleben, dass viele Menschen ihren Frieden gefunden haben, indem sie das, was ihnen wichtig ist, nachgeholt haben. Hier ein paar Beispiele:

Du hast keine Traueranzeige geschaltet oder sie gefiel dir nicht?
Kreiere deine ganz eigene Anzeige, entweder mit Stiften, Schere und Papier oder am Computer. Bunt, schwarz-weiß, mit oder ohne Fotos - alles ist möglich. Du kannst sie zum Beispiel am Jahrestag des Todes in der Zeitung schalten oder einfach an einem passenden Aufbewahrungsort für dich behalten.

Du hast kein Kondolenzbuch? Lade Freundinnen und Freunde ein, lege ein Buch aus und bitte sie, ihren Eintrag nachzuholen.

Du hättest gerne eine Trauerrede gehalten, aber dir fehlte die Kraft oder der Mut?
Das ist mehr als verständlich. Schreib sie jetzt und lies sie dem geliebten Menschen am Grab oder an einem anderen Ort vor.

Du hättest bei der Beerdigung gerne Luftballons steigen lassen, eine bestimmte Musik gespielt oder einen anderen Wunsch gehabt?
Vielleicht möchtest du die Musik ganz bewusst am Grab hören oder irgendwo einen Ballon steigen lassen. Was fällt dir ein?

Das Grab befindet sich zu weit weg von dir, aber du hast das Bedürfnis, einen Ort zum Trauern zu haben?
In vielen Städten kann man Erinnerungsbäume pflanzen lassen. Oder du suchst dir einen für dich bedeutsamen Ort und machst ihn zu deinem Trauerort. Vielleicht möchtest du ihn mit einem Kreuz kennzeichnen oder einen kleinen Altar errichten, dort wo es möglich ist. Du kannst auch einen kleinen Altar in deinem Garten, deiner Wohnung oder auf deinem Balkon haben.

Wichtig ist, dass du schaust, was dir wirklich guttut und hilfreich ist, nicht was andere glauben, was dir helfen oder nicht helfen könnte.

Du
**allein
entscheidest**

Fast alle Trauernden kennen die Erfahrung, dass es in ihrem Umfeld Menschen gibt, die glauben, genau zu wissen, was für sie das Richtige ist. Diese Menschen meinen es zumeist gut, aber sie üben manchmal unbewusst sehr viel Druck aus. Oft tun sie das aus Hilflosigkeit und mit dem eigentlich guten Willen, dich zu unterstützen, teilweise auch aus eigenen Motiven heraus, wie zum Beispiel weil sie gebraucht werden wollen oder bestimmte Überzeugungen für sie wichtig sind. Darüber hinaus gibt es viele – häufig unausgesprochene – gesellschaftliche Regeln und Konventionen, zum Beispiel, ob und wie oft du zum Grab gehen solltest, ob du schwarze oder bunte Kleidung tragen darfst, ob es o.k. ist, eine neue Beziehung einzugehen, ob du die Sachen des Verstorbenen behalten oder weggeben möchtest usw. Diese Ratschläge und Konventionen können schnell überfordern oder unter Druck setzen, gerade, wenn du nicht genau weißt, was du tun sollst (das ist in Trauerzeiten völlig normal!) oder wenn du dich in sogenannten Ambivalenzen, d.h. gegensätzlichen Gefühlen, Gedanken und Aussagen bewegst, die sich oftmals auch widersprechen.

Um dir darüber klar zu werden, was du wirklich willst, kann es helfen, dir ein paar Fragen zu stellen:

Ist es wirklich notwendig, dass ich diese Entscheidung jetzt treffe?

Was ist die schlimmste Konsequenz, die meine Entscheidung haben kann?

Was ist die schönste Konsequenz, die meine Entscheidung haben kann?

Was würde der Verstorbene mir raten?

Was würde ich meinem besten Freund raten, wenn er in meiner Situation wäre?

Wenn Entscheidungen *gemeinsam* gefunden werden müssen

Es kann sein, dass es in Verlustsituationen Entscheidungen gibt, die du nicht allein treffen darfst oder bei denen du kein Mitspracherecht hast.

Häufig kommt es zu Konflikten, weil bei allen Beteiligten die Nerven blank liegen und wir in diesem Zustand nicht so einfach in der Lage sind, den emotionalen Abstand zu wahren.

Konflikte sind verunglückte Wünsche und hinter den Wünschen stehen die Bedürfnisse von Menschen. Auch wenn es sich so einfach anhören mag: Es ist sehr wichtig, miteinander zu reden, um herauszufinden, was jeder Einzelne braucht. Das ist im Stress der Trauer häufig nur schwer möglich.

Wie kannst du also vorgehen, um das Ganze möglichst gut zu bewältigen? Überlege dir, was dir wirklich wichtig ist und wo du Rücksicht auf die Bedürfnisse anderer nehmen kannst.
Ein Beispiel: Ihr könnt euch nicht auf eine gemeinsame Traueranzeige einigen. Wie wäre es, wenn du eine eigene Anzeige schaltest? Du hast keinen rechtlichen Anspruch auf das Erbe? Vielleicht gibt es eine Sache, um die du bitten kannst, die dich mit dem Verstorbenen verbindet. Falls das nicht geht: Gibt es einen Ersatz für dieses Erinnerungsstück, den du dir selbst schenken kannst?

Solltet ihr gar nicht miteinander reden können, dann versucht Folgendes: Definiert eure Fragen und jeder schreibt die eigenen Antworten auf Karten, die zunächst verdeckt auf den Tisch gelegt und gemeinsam aufgedeckt werden. So entsteht eine Grundlage auch für das, was sonst vielleicht so schwer auszusprechen ist.

Nicht alles musst du sofort entscheiden

Auch wenn es verständlich ist, dass du von der Trauer wegwillst oder einfach alles hinter dir lassen möchtest:
Es ist nicht sinnvoll, in einem Zustand akuter Trauer schwerwiegende Entscheidungen zu treffen und zum Beispiel ein Haus zu verkaufen oder einen Job zu kündigen. Denn Gefühle und Stimmungen verändern sich in der Trauer häufiger. Aber auch hier ist jeder Mensch und Umstand verschieden und du entscheidest selbst. Wichtig ist aber, dass du dir bewusst bist, dass es noch zu einigen Meinungsumschwüngen kommen kann und sich die Situation dann wieder ganz anders darstellt. Sinnvoll ist es aber, zu träumen oder Situationen in Gedanken einfach mal durchzuspielen. Das hilft dir herauszufinden, was du wirklich willst.

Was aber, wenn etwas zu einem Zeitpunkt geregelt werden muss, zu dem du dich der Aufgabe nicht gewachsen fühlst?
Bitte eine Person deines Vertrauens, dir zu helfen, deine Entscheidung zu treffen. Sich mit jemandem auszutauschen, kann ungemein hilfreich sein, weil du dabei vielleicht andere Sichtweisen und Optionen an die Hand bekommst. Wichtig ist, dass du dann noch mal überprüfst, ob diese auch für dich geeignet sind.

 Solltest du deine Entscheidung zu einem späteren Zeitpunkt bereuen, dann mache dir klar, in welchem Zustand du zum Zeitpunkt der Entscheidung warst. Im Nachhinein und mit Abstand sieht man immer klarer und hat meistens mehr Informationen zur Verfügung. Sei also nachsichtig mit dir.

Trauer-
phasen

Über Trauer wurde schon ganz viel geschrieben und sie wurde in unterschiedlichste Modelle gefasst. Diese Modelle können uns Orientierung und ein Gefühl dafür geben, wo wir uns in unserem Trauerprozess befinden. Wichtig ist jedoch, sich bewusst zu sein, dass es sich »nur« um einen Erklärungsversuch handelt, nicht um die Wahrheit, da jeder Mensch ein Individuum ist.

Dennoch können Modelle, die den Trauerprozess erläutern, durchaus hilfreich sein. Denn Verstehen schafft Verständnis und das bringt oft eine Erleichterung mit sich.

Wir möchten dir gerne das bekannte und sehr verständliche Vier-Phasen-Modell der Schweizer Psychologin Verena Kast vorstellen. Die von ihr beschriebenen Phasen müssen nicht zwangsläufig gradlinig nacheinander ablaufen, manchmal überspringen wir eine oder kehren nach einiger Zeit wieder in eine zurück. Das ist völlig normal und kein Grund zur Besorgnis.

»Nicht wahrhaben wollen«

In dieser Phase haben wir das Gefühl, im »falschen Film« zu sein, der Verlust erscheint uns unwirklich. Wir haben die Hoffnung, aus diesem Albtraum wieder aufzuwachen. Zumeist können wir die Emotionen gar nicht wahrnehmen, wir sind wie im Schock. Diese Phase dauert häufig länger, wenn wir von einem völlig unerwarteten Verlust überrascht werden.

»Aufbrechende Emotionen«

Hier beginnt die Gefühls-Achterbahn. Wut, Traurigkeit, Schuld, Scham und vieles andere kommt an die Oberfläche und kann sich auch ganz schnell abwechseln. Häufig kommt es zu Schlafstörungen.

»Suchen, finden, sich trennen«

Hier suchen wir den Verstorbenen bewusst oder unbewusst an Orten, an denen wir gemeinsam waren, oder in Erinnerungen. Manchmal denken wir, dass wir ihn irgendwo gesehen haben. Doch immer wieder werden wir mit der harten Realität konfrontiert, dass er nicht wiederkommt. Wir »sammeln« gemeinsame Erlebnisse und bewahren damit Teile der Beziehung. Der Verstorbene wird zu einer Art »innerem Begleiter«, mit dem wir in inneren Gesprächen auch noch offene Punkte klären können.

»Neuer Selbst- und Weltbezug«

Wir haben unseren Verlust jetzt weitgehend akzeptiert und uns ein Leben ohne den Verstorbenen eingerichtet. Ganz häufig haben sich Werte und Wichtigkeiten verändert. Viele gehen ganz neue Wege. Der Verstorbene bleibt in unserer Erinnerung und unserem Gedenken Teil dieses Lebens.

Tipp zum Weiterlesen: Verena Kast, Trauern. Phasen und Chancen des psychischen Prozesses, Kreuz Verlag, Freiburg ³2013.

Traueraufgaben

Uns gefällt der Gedanke, den der Trauerforscher James William Worden entwickelt hat, wenn er von »Traueraufgaben« spricht. Da wir daran glauben, dass es sich bei Trauer um einen Anpassungsprozess handelt, der zu einigen Teilen auch aktiv gestaltet werden kann, möchten wir dir auch diesen Ansatz vorstellen. Uns ist klar, dass du es dir nicht ausgesucht hast, dass die Trauer in dein Leben kommt, und doch glauben wir an deine Potenziale und Ressourcen, die dir helfen können, aus der Passivität in das aktive Mitgestalten zu kommen. Das mag nicht überall möglich sein, aber sicher in einigen Bereichen.
Und so beschreibt James William Worden die Traueraufgaben:

1. Aufgabe:
Den Verlust als Realität akzeptieren

Es ist nicht einfach und sehr schmerzhaft, zu begreifen, dass der Verstorbene nicht wiederkommt. Gerade zu Anfang wird der Verlust oft geleugnet oder fühlt sich unwirklich an. Dennoch ist es wichtig, dass wir Stück für Stück die Realität vor allem emotional, nicht nur intellektuell, zulassen. Es kann passieren, dass wir uns in einem Moment des Todes voll bewusst sind und im nächsten wieder alles unwirklich ist. Das ist ein Abwehrmechanismus, der uns schützen möchte.

2. Aufgabe:
Den Schmerz verarbeiten

Auch wenn es schmerzhaft ist, ist es wichtig, die eigenen Gefühle zu durchleben, um sich an die neue Situation anzupassen. Dabei darfst du alles fühlen, was du fühlst. Es gibt keine unpassenden Emotionen. Sie alle gehören zu dir und wollen gesehen werden.

3. Aufgabe:
Sich an eine Welt ohne die verstorbene Person anpassen

Dein Leben ohne den Verstorbenen hat sich auf verschiedene Arten verändert. Zum einen in deinem täglichen Alltag und Umfeld, zum anderen in deinem Inneren und zum dritten in deinen Überzeugungen, Werten und Vorstellungen über die Welt. In allen drei Bereichen braucht es nun Anpassungen an die veränderte Situation. Wer bist du selbst und was möchtest du? Das sind Fragen, die sich hier stellen.

4. Aufgabe:
Eine dauerhafte Verbindung zu der verstorbenen Person inmitten des Aufbruchs in ein neues Leben finden

Zunächst einmal kreisen deine Gedanken sicher ganz oft und viel um den verstorbenen Menschen. Mit der Zeit wird das weniger und du öffnest dich wieder für Begegnungen und Erlebnisse. Das ist wichtig und heißt nicht, dass du den Verstorbenen weniger liebst. Es hilft dir weiterzuleben. Der geliebte Mensch hat immer einen Platz in deinem Herzen und in den Erinnerungsstücken. Eure Beziehung bleibt immer bestehen, nur hat sie einen Platz gefunden, sodass du dein Leben frei weiterleben kannst.

Um-
stände, die
unsere
Trauer
schwieriger
machen
können

Es ist uns wichtig, dass es in der Trauerarbeit kein »schlimmer« oder »weniger schlimm« gibt, denn Trauer und die individuellen Emotionen sind nicht vergleichbar. Dennoch gibt
es Trauerfälle, die in der Trauerforschung als »schwieriger zu
verarbeiten« definiert werden.

Es muss nicht so sein, dass es dir in diesen Fällen schwerer fällt, mit der Trauer umzugehen, aber es ist gut zu wissen, dass es so sein kann. Viele dieser Verluste werfen Fragen auf, gehen mit Schuld- oder Ohnmachtsgefühlen einher. Gut ist es, sich Hilfe zu holen, wenn du das Gefühl hast, sie zu brauchen.

Folgende Umstände können deine Trauer beeinflussen:

- unvorhersehbarer Verlust, ungeklärte Themen, Schuldgefühle
- Verlust eines Kindes
- Gewalt, Verletzung, Zerstörung, Mord
- Suizid
- polizeiliche Ermittlungen, aufgrund derer z.B. der Leichnam nicht freigegeben wird
- Vermeidbarkeit oder Zufälligkeit, z.B. durch einen Unfall auf einer Reise
- gleichzeitiger Verlust mehrerer Personen
- Hinterbliebener hat den Tod beobachtet oder gar mit verursacht
- Trauernder hat einen Überfall überlebt, während andere gestorben sind
- Ungewissheit über die Todesumstände
- der Verstorbene wird nicht gefunden, z.B. bei einem Tsunami
- schambesetzte Todesumstände, z.B. Ehemann stirbt durch Herzversagen bei der Geliebten

- Du kannst dauerhaft nicht ein- oder durchschlafen.
- Du tust so, als wäre gar nichts passiert und der Verstorbene
  wäre gar nicht tot.
- Du flüchtest dich in eine Sucht, wie z.B. Alkohol, Drogen,
  Arbeit etc.
- Du hast schwere körperliche Reaktionen, wie z.B. ständige
  Kopfschmerzen.
- Du ziehst dich aus deinem Leben zurück, triffst keine
  Freunde mehr und gehst nicht mehr zur Arbeit.
- Deine Gedanken kreisen die ganze Zeit um bestimmte Fragen
  oder Bilder.
- Du fühlst dich schuldig.
- Du hast panische Angst davor, zu sterben oder dass weitere
  Personen um dich herum sterben könnten.

Das sind nur ein paar Hinweise und es gibt keine wirkliche Regel,
wann du Hilfe brauchst. Höre ganz tief in dich hinein. Was sagt dir
dein Bauch?

Ein Verlust

zieht andere Verluste nach sich

Mit einem Verlust gehen oftmals weitere Verluste einher. Das kann der Verlust von Träumen, Wünschen, Hoffnungen, finanzieller Sicherheit oder des Vertrauens in die Welt und das Leben sein. Oft verlieren wir auch Menschen, weil sie sich distanzieren, sich nicht mehr melden. Manchmal verlieren wir durch den Tod auch die Grundlage der Beziehung zu bestimmten Menschen, zum Beispiel zum Freundeskreis des Partners.

Aus welchen Gründen auch immer das passiert, es tut weh und es macht die ohnehin schon schwierige Situation noch schwieriger. Die gute Nachricht ist, dass in der Trauer häufig auch Dinge oder Menschen neu in unser Leben kommen. Wir verändern uns und das öffnet den Raum für neue Träume und neue Personen. Manchmal werden Bekannte zu Freunden oder wir lernen ganz neue Leute kennen.

 Was ist in deinem Leben neu hinzugekommen?

Mit wem

kann ich noch sprechen?

Viele Trauernde haben den Wunsch, sich auszutauschen, bestimmte Themen noch einmal zu bearbeiten oder einfach nur wieder und wieder über das Geschehene zu sprechen. Ganz oft hören wir, dass das Umfeld jedoch nach einer gewissen Zeit nicht mehr zuhören mag oder nicht mehr so viel Unterstützung da ist wie kurz nach dem Trauerfall. Auch wenn das schmerzt, ist es aus Sicht der Menschen im Umfeld ganz normal und auch in Ordnung, dass deren Leben weitergeht. Hier kann es sinnvoll sein, sich im Rahmen einer Trauerbegleitung Unterstützung zu holen oder sich in einer Gruppe von ebenfalls Betroffenen auszutauschen. Diese Menschen beschäftigen sich wahrscheinlich gerade mit den gleichen Fragen wie du. Es gibt Selbsthilfegruppen, die sich frei oder mithilfe eines Moderators austauschen, und es gibt geführte Gruppen, die von Trauerbegleitern geleitet werden. Wir halten viel von geleiteten Gruppen, da neue Impulse von außen kommen und es nicht immer um die gleichen Themen geht.

> Was für dich das Richtige ist, merkst du am ehesten, wenn du es ausprobierst.

Über
Suchtmittel
und
Medikamente

Der Wunsch, den Schmerz und die Ohnmacht einfach betäuben zu wollen, ist allzu verständlich. Fakt ist jedoch, dass wir den Trauerprozess brauchen und ihn nicht einfach umgehen, ignorieren oder wegmachen können. Es spricht vielleicht nicht viel gegen ein Glas Wein ab und zu am Abend, aber wie so vieles im Leben ist es eine Frage des richtigen Maßes und der Umstände. Wenn du schon einmal Schwierigkeiten mit Drogen oder Alkohol hattest und Abhängigkeit kennst, dann ist es nicht der richtige Weg, wieder zu diesen Mitteln zu greifen. Suchtmittel sind keine Lösung. Suche dir Hilfe bei der Verarbeitung deiner Trauer, denn wir greifen zu diesen Mitteln, weil wir keinen anderen Weg wissen. Es ist quasi eine falsch verstandene Selbstmedikation, die einen hohen Preis haben kann. Mit jemandem zu sprechen hat oft denselben Effekt – ganz ohne Nebenwirkungen. Suchtmittel dagegen bringen nur im ersten Moment Linderung, klingt ihre Wirkung wieder ab, verstärken sie Symptome wie z.B. Angst.

Trauer an sich braucht keine Medikamente, weil sie keine Krankheit ist, und doch kann es sein, dass etwas Unterstützung dir hilft, zum Beispiel, wenn du an Schlafstörungen leidest. Bitte wende dich an einen Arzt deines Vertrauens und besprich mit ihm, was dir helfen kann und was du brauchst oder nicht brauchst.

Jetzt ist Hilfe wirklich sinnvoll ...

Manchmal brechen in der Trauer alte Krankheitsbilder wieder aus, zum Beispiel Depressionen, Angst- oder Zwangserkrankungen. Erinnerungen an schwere Zeiten oder traumatische Erfahrungen bahnen sich wieder ihren Weg und belasten dich. Dann ist es sinnvoll, dir Unterstützung zu holen.

Ein weiteres deutliches Zeichen dafür, dass du Hilfe brauchst, ist der Wunsch, dir selbst das Leben zu nehmen. Diese Suizidgedanken können auftauchen und sehr belastend sein. Bleibe damit nicht allein. Wende dich bitte an deinen Arzt, einen Psychotherapeuten oder an die Notfallambulanz eines Krankenhauses. Auch die Telefonseelsorge kann eine erste Anlaufstelle sein. Vertraue dich mit deinen Suizidgedanken jemandem an, der dir helfen kann. Wir wissen, dass ein Verlust sehr schmerzhaft ist, aber wir wissen auch, dass es sich um eine Phase handelt, und selbst, wenn du es dir jetzt gerade gar nicht vorstellen kannst, wird sie vorbeigehen. Du kannst auch deine Familie oder einen Freund bitten, dich zu einem Arzt o.Ä. zu begleiten.

 Vieles schaffen wir in der Trauer allein, denn in uns steckt alles, was wir für die Bewältigung brauchen. Wir haben quasi einen Urinstinkt, der uns in einer Krise leitet. Und doch kann es sein, dass wir, wie oben beschrieben, an unsere Grenzen kommen. Dann ist es wichtig und ein Zeichen von Stärke, sich professionelle Hilfe zu holen.

Leben ist auch eine Entscheidung

Du hast im Moment vielleicht das Gefühl, dass die Trauer und der Schmerz nicht auszuhalten sind oder dass die Wut dich auffrisst. Möglicherweise ist dir einfach alles zu viel. Dir vorzustellen, dass das jemals anders sein wird, ist nahezu unmöglich. Dennoch: Unserer Erfahrung nach wird sich deine Trauer verändern und irgendwann nicht mehr ständig präsent sein. Wann, das können wir dir leider nicht sagen, nur dass es so ist. Manchmal hilft es schon, das zu hören.

Das Weiterleben nach dem Tod eines geliebten Menschen ist auch eine der Entscheidungen, die dir niemand abnehmen kann. Zu dieser Entscheidung gehört auch, gut für dich zu sorgen, dir Hilfe zu holen, wenn du sie brauchst, zu essen, zu trinken, zu schlafen und vieles mehr.

Du bist der wichtigste Grund weiterzuleben. Vielleicht gibt es noch andere Gründe, für die es sich zu leben lohnt, zum Beispiel andere Menschen, Tiere oder Dinge, die du noch tun möchtest. Es kann ein Anker für dich sein, dir diese aufzuschreiben oder aufzumalen, damit du immer wieder an sie erinnert wirst.

Willst du leben? Dann dürfen wir dir versichern, dass sich das Leben nach dem Verlust eines geliebten Menschen zwar verändert, aber es kann auch wieder sehr schön werden. Das haben wir beide schon erlebt.

Was tut dir gut?

Manchmal erinnern wir uns in der Trauer nicht mehr an all das, was uns vor unserer Verlusterfahrung gutgetan und Spaß gemacht hat. Manchmal denken wir auch, dass es uns nicht mehr gut gehen darf, weil der andere ja verstorben ist. Wichtig ist: Du bist am Leben und der Verstorbene möchte bestimmt, dass es dir den Umständen entsprechend gut geht. Das bedeutet auch, für dich zu sorgen.

Trauer ist sehr anstrengend und wir können keine 24 Stunden am Tag Trauerarbeit leisten. Deshalb ist es wichtig, dass wir uns immer wieder Pausen und schöne Auszeiten gönnen. Auch wenn es sich seltsam anhören mag: Begrenze deine Trauerzeiten.

Wenn du zum Beispiel mit diesem Buch arbeitest, dann begrenze die Zeit auf eine Stunde am Tag. Stelle dir dafür einen Wecker und halte dich an die gesetzte Zeit. Überlege dir, womit du dich nach der Arbeit belohnen möchtest.

Es gelingt dir nicht? Das ist o.k. Dann bitte jemanden, dir zu helfen und dich zum Beispiel nach einer gewissen Zeit zu einem schönen Spaziergang abzuholen.

Das könnte dir guttun

regelmäßig essen (dein Lieblingsgericht?)

viel trinken

baden, eincremen, pflegen

Sport (Yoga, Tennis, Joggen - je nach Gefühlslage)

mit allen Sinnen genießen, z.B. schöne Düfte

Geselligkeit (Freunde, Familie)

ruhige Auszeiten

Urlaub (Wellness, Strand, Skilaufen, Kloster, Pilgern,

Yoga, Aktivurlaub, Singlereisen, Studienreisen etc.)

Massage

Mandala malen

spazieren gehen

Film gucken

einkuscheln

Blumen pflanzen

Meditation

Und was noch?

Hier ist Platz für deine eigenen Ideen. Schreibe dir alles auf, was du schon ausprobiert hast und was du gerne einmal machen würdest, denn wir neigen in Zeiten der Trauer dazu, zu vergessen, was uns guttut.

Trauern heißt erinnern

Für viele Menschen ist es gut, wenn der Verstorbene und die Erinnerung an ihn einen konkreten Platz haben. Das kann ein kleiner Altar sein, ein Foto in der Wohnung oder im Terminkalender, ein Ort, zu dem du gerne gehst. Vielleicht möchtest du nur die wichtigsten Dinge des Verstorbenen behalten, dann kannst du dir eine Trauerkiste gestalten. In diese Trauerkiste kommen alle Erinnerungen und du kannst sie hervorholen, wenn dir danach ist.

Manche Trauernden haben Angst, Dinge zu vergessen, die sie gemeinsam mit dem Verstorbenen erlebt haben oder die den Verstorbenen ausmachen. Dann ist es entlastend, die Dinge, die du auf keinen Fall vergessen willst, festzuhalten. Dafür kann ein Erinnerungsbuch hilfreich sein, das du nach deinen eigenen Vorstellungen gestaltest. In dieses Buch gehört alles, was dir wichtig ist: Fotos, Notizzettel und alles das, was du selbst schreiben willst. Oder benutze dafür einfach die nächsten Seiten in diesem Buch.

Es gibt sogar Anbieter, bei denen du Sprachnachrichten des Verstorbenen von deinem Handy archivieren lassen kannst, um die Stimme des geliebten Menschen für immer zu behalten, wenn zum Beispiel dein Handy kaputtgeht. In einem Buch werden die Sprachverläufe ausgedruckt und zusätzlich ist darin ein QR-Code, über den du die Nachrichten im Original anhören kannst.

Vielleicht möchtest du noch einmal auf den Spuren des Verstorbenen wandeln und seine Lieblingsorte besuchen. Oder etwas mit seinen Augen sehen, zum Beispiel durch eine Kamera. Auch diese Plätze und Eindrücke bergen dann Erinnerungen. Du kannst dort etwas hinterlassen oder die Erinnerung einfach in dir weiter tragen.

Du möchtest Dinge loswerden, die dich belasten? Verschenke sie oder wirf sie weg.

Das war deine Lieblingsmusik:

Das hast du am liebsten gegessen:

Darüber konntest du lachen:

Darüber konntest du weinen:

_____

_____

_____

_____

_____

_____

_____

_____

_____

_____

Danach hast du gerochen:

_____

_____

_____

_____

_____

_____

Damit konnte man dich am besten ärgern:

Das war dein Lieblingsort:

Es ist noch etwas offen? Du möchtest noch etwas sagen? Vielleicht hilft es dir, einen Brief an den Verstorbenen zu schreiben. Diesen kannst du verbrennen, vergraben oder behalten. Ganz so, wie du es möchtest.

Wenn der Platz für den Brief dir nicht ausreicht, lege einfach
noch ein zusätzliches Blatt in das Buch oder klebe es ein.

Meine
schönste
Erinnerung
an dich
und uns

Was ist deine schönste Erinnerung an den geliebten Menschen oder eure gemeinsame Zeit? Hier ist Platz für deine Worte, Bilder und Fotos:

Das vermisse ich so

Wir wissen, dass du den Verstorbenen an sich vermisst, aber was ganz genau ist es? Das können Charaktereigenschaften sein, aber auch Rollen, die derjenige in deinem Leben hatte, wie zum Beispiel »der Techniker im Haus«. Natürlich kann nichts und niemand den geliebten Menschen ersetzen und das soll auch gar nicht sein – aber für einige Rollen kann es jemanden geben, der das für dich erledigen kann, um dich ein wenig zu entlasten. Oder du lernst selbst, das Fahrrad zu reparieren, den fantastischen Apfelkuchen zu backen oder die Rosen zu schneiden? Vielleicht macht es dir ja sogar Spaß, dich in einen neuen Bereich einzuarbeiten!

Diese Eigenschaften und Rollen vermisse ich vor allem:

_____

_____

_____

_____

_____

Die
Kraft
der Rituale

Gerade an schwierigen Tagen wie dem Jahrestag des Todes, dem Geburtstag des Verstorbenen oder Weihnachten etc. kann es hilfreich sein, ein Ritual zu haben. Rituale sind (wiederkehrende) Handlungen, die uns Sicherheit und bei aller Unbeständigkeit etwas Beständigkeit geben. Rituale verbinden dich mit dem Verstorbenen und geben dir das Gefühl, etwas tun zu können. Durch sie kann Halt entstehen. Hier ein paar Beispiele für Handlungen, die zu einem Ritual werden können:

- einen Zweig vom Weihnachtsbaum abschneiden und auf das Grab legen
- eine Kerze anzünden
- Luftballons steigen lassen (ggf. mit Brief)
- eine Flaschenpost ins Meer werfen
- mit Freunden eine Erinnerungsfeier feiern
- eine Blume oder einen Baum pflanzen
- immer im gleichen Lokal essen gehen
- einen Brief schreiben
- Tagebuch schreiben
- zum Grab gehen
- einen gemeinsamen schönen Ort aufsuchen
- etwas verbrennen

Wir finden es wichtig, dass Rituale sich im Laufe der Zeit verändern und auch ganz weggelassen werden dürfen. Sie sollen dir helfen und dich unterstützen, nicht verpflichten. Sobald sie das nicht mehr tun, ist es Zeit, sie gehen zu lassen.

Welche Rituale fühlen sich für dich gut und richtig an?

Ich habe noch so viele Fragen ...

Gerade wenn der Verlust unerwartet in unser Leben kommt, bleibt vieles, was wir gerne noch gesagt, gefragt oder geklärt hätten, offen. Ungelöste Konflikte bleiben einfach im Raum stehen. Und wir müssen uns mit der Tatsache abfinden, dass wir keine direkte Antwort mehr bekommen werden. Manche glauben daran, dass wir Kontakt zu den Verstorbenen aufnehmen können, um Antworten zu bekommen, andere halten das für ausgeschlossen. Wir glauben, dass es auf jeden Fall so ist, dass du dir viele Antworten selbst geben kannst. Was glaubst du, würde der Verstorbene dir sagen? Wie lautet deine innere Antwort?

Und auf manche Fragen wirst du wahrscheinlich nie eine Antwort bekommen. Dann wünschen wir dir, dass du hier ohne Antwort weiterleben kannst.

Vielleicht magst du aus der Sicht des Verstorbenen einen Brief an dich selbst schreiben. Schreibe einfach aus dem Bauch heraus los, ohne zu zensieren und zu bewerten. Dein Unterbewusstsein kennt den Weg und die Antworten, davon sind wir überzeugt. Einen Versuch ist es wert.

Ich werfe dir noch so viel vor ...

Du machst dem Verstorbenen Vorwürfe, denkst aber, du dürftest es nicht, oder weißt jetzt nicht mehr, wohin du deine Vorwürfe richten sollst? Es ändert nichts, sich mit der Realität zu streiten. Die Vorwürfe sind in dir und werden wahrscheinlich nicht einfach aufhören, da zu sein. Wir sind Menschen und als solche machen wir Fehler und streiten uns oder sind nicht einer Meinung. Das stellt unsere Beziehung zueinander zumeist nicht infrage. Viele Menschen denken, dass sie nicht mehr wütend oder vorwurfsvoll sein dürfen, weil der andere ja tot ist und sich nicht mehr wehren kann, oder dass die Zuneigung zueinander infrage gestellt wird.

Wenn du kannst, dann geh in einen inneren Dialog mit dem Verstorbenen und teile ihm mit, was du ihm vorwirfst. Du kannst auch laut sprechen oder stellvertretend für den Verstorbenen einen Stuhl aufstellen. Suche dir dafür einen ruhigen oder einen vertrauten Ort. Und dann lausche mal, ob du in deinem Inneren Antworten findest. Was würde der Verstorbene dir jetzt sagen, tun oder antworten? Wir wünschen dir, dass es dir damit leichter ums Herz wird.

Trauer
und Glauben

Manche Menschen wenden sich in der Trauer Gott oder ihrem individuellen Glauben zu und andere wenden sich ab. Die einen finden Trost in der Kirche, andere machen ihren Gott für den Tod verantwortlich. Alles darf sein. Es geht um dich und du entscheidest. Du kannst dich auch zu jedem Zeitpunkt umentscheiden. Wenn du jemanden zum Reden brauchst, dann gibt es in vielen Gemeinden Seelsorgerinnen und Seelsorger, die dir gerne zuhören. Das gilt auch, wenn du zweifelst, ob du noch glauben möchtest oder kannst.

Oft stellt sich auch die Frage, ob es ein Leben nach dem Tod gibt. Die Religionen haben darauf unterschiedliche Antworten gefunden und es ist für viele tröstlich, eine Ahnung davon zu haben, wo der geliebte Mensch jetzt sein könnte. Du kannst dich davon inspirieren lassen und vielleicht findest du eine Vorstellung, die dir gefällt und die dir ein gutes Gefühl gibt. Aber niemand kann die Frage für dich beantworten.

Was glaubst du, wo der Verstorbene jetzt ist?

Den Sinn finden

Für viele Menschen ist es wichtig, einen Sinn im Tod zu finden. Manche verändern ihr ganzes Leben und fangen an, ihre Träume zu realisieren, sie engagieren sich für Projekte, die anderen in der gleichen Situation helfen. Einige finden einen Zugang zur Spiritualität, wieder andere erkennen den Tod als ihren eigenen Lehrmeister, der uns zeigt, wie kurz und wertvoll unsere Zeit auf dieser Erde ist: Wir alle werden sterben und wir wissen nicht wann. Die Zeit wird durch die Erfahrung eines Verlusts kostbarer und viele, die das erfahren haben, leben auf einmal bewusster. Viele Menschen berichten uns, dass sie sich weniger über Kleinigkeiten aufregen und Dinge achtsamer tun.
Es hilft, wenn wir einen Sinn erkennen.

Was hat der Verlust deines geliebten Menschen dir gezeigt?

Manche *Tage* sind so schwierig

Manche Tage sind gefühlt noch schwieriger als andere. Das gilt zum Beispiel für den Geburtstag oder den Todestag des Verstorbenen. Aber auch Hochzeits-, Kennenlern- und Erinnerungstage sowie Weihnachten und Silvester können schwierig werden. Manchmal spult unsere Psyche an diesen Tagen die realen Erlebnisse von damals ab und das kann, gerade an Todestagen, sehr belastend sein. An diesen Tagen können auch bestimmte körperliche oder seelische Reaktionen wiederkommen, die sich zum Beispiel am Todestag bei uns gezeigt haben (Angst, Kopfschmerzen etc.). Körper und Psyche haben ein Gedächtnis und erinnern sich. Es ist gut zu wissen, dass das ein verbreitetes Trauerphänomen ist. Das macht es vielleicht nicht besser, aber greifbarer.

Überlege dir schon vorher, wie du diese besonderen Tage erleben möchtest. Allein oder in Gemeinschaft? An welchem Ort? Was möchtest du machen? Gibt es ein Ritual, das dir helfen kann? Ein Plan kann dir etwas mehr Sicherheit geben. Du möchtest dir einfach nur die Decke über den Kopf ziehen? Das ist für eine gewisse Zeit total o.k., danach ist es gut, sich zu fragen, was du brauchst, um wieder aufstehen zu können.

Vielleicht kann dir auch dieser Gedanke helfen: Selbst der schlimmste Tag geht vorbei, obwohl wir uns das manchmal gar nicht vorstellen können.

Hier ein paar Ideen, wie du diese Tage gestalten kannst:

- Gehe ans Grab, allein oder mit lieben Menschen.
- Feiert gemeinsam die Erinnerung bei einem guten Essen und in schöner Umgebung.
- Wenn der Verstorbene ein Fußballfan war, geht gemeinsam zu einem Spiel seiner Lieblingsmannschaft.
- Zünde eine Kerze der Erinnerung an.
- Besuche einen Ort, an dem ihr gemeinsam wart.

Oder auch so:
Diese Tage sind an sich häufig schon schwierig. Vielleicht hilft es dir, etwas für dich zu tun z.B. eine Massage, Sport, einen Spaziergang etc. Und vielleicht möchtest du den Tag so normal wie möglich vorbeiziehen lassen. Dann ist es absolut o.k., das zu tun, was du sonst auch tun würdest, zum Beispiel arbeiten gehen. Du allein entscheidest.

Bist du *immer noch* traurig? Ja, denn er ist *immer noch* tot!

»Die Zeit heilt alle Wunden.« Wir sehen das anders. Oft spielt zwar die Zeit für uns, da Trauer kein statischer Prozess ist und sich verändert. Wir beginnen mehr und mehr, in unseren Alltag zurückzufinden, und nicht jeder Gedanke dreht sich um den Verstorbenen. Aber manchmal kommt die Trauer wieder zurück und dann steht sie in diesen Augenblicken der früheren Intensität häufig in nichts nach. Gerade in solchen Situationen wird es uns oft schwer gemacht, die Trauer zu leben. Dann hören wir Sätze wie: Das ist doch schon so lange her! Geht es dir immer noch schlecht? Und viele andere mehr.

Wie lange dauert eigentlich Trauer?

Die Antwort, die wir geben können, ist: Es gibt keinen festen Zeitraum. Nur weil ein Jahr vergangen ist, ist die Trauer nicht mit einem Mal weg. Im Gegenteil: Gerade zu diesem Zeitpunkt beobachten wir bei vielen, dass sich ein befremdliches Gefühl einstellt, weil man eben nicht mehr sagen kann, dass man letztes Jahr dieses oder jenes noch gemeinsam gemacht hat. Das kann guttun, aber auch ängstlich oder traurig machen, denn es schafft eine Distanz zum Verstorbenen, die wir so häufig gar nicht wollen.

Wir können und möchten dir keine Richtlinie für die Dauer eines Trauerprozesses geben, denn dies hängt von so vielen verschiedenen Faktoren ab. Nur so viel: Wichtig ist, dass du das Gefühl hast, dich weiterzubewegen. Hat sich deine Trauer verändert? Nimmst du am Leben teil? Hast du seit dem Tod Dinge verändert? Wenn dein Trauerprozess über einen längeren Zeitraum stagniert, du krank wirst oder dich so gar nicht aus der Trauer lösen kannst, dann hole dir Hilfe.

Und vielleicht hilft dir der zweite Teil der Überschrift dieses Kapitels als Antwort, wenn dir jemand diese Frage stellt! Das ist zumindest für uns so.

Was ist, wenn ich erleichtert bin?

Manchmal sind wir über den Tod eines Menschen erleichtert. Vielleicht, weil er sehr krank war, vielleicht, weil wir müde von der Begleitung sind, vielleicht auch, weil wir sehr unter dieser Person gelitten haben. Die Hinterbliebenen leiden häufig unter Schuldgefühlen, wenn sie so denken. Eigentlich sind sie mit dem Tod einverstanden, aber die Schuldgefühle und die Scham, so zu empfinden, quälen sie.

Wir finden, dass du das Recht hast, erleichtert zu sein, wenn du dich danach fühlst. Es ist extrem anstrengend, sein Leben hinter der Krankheit und dem Sterben des anderen zurückzustellen, und es ist furchtbar, unter einem anderen Menschen zu leiden. Wir dürfen erleichtert sein, unser Leben zurückzubekommen, und wir dürfen unser Leben wieder gestalten. Das ist absolut legitim. Vielleicht denkst du so etwas wie: »Ich hätte mehr tun müssen« oder »Ich bin nicht ständig an seiner Seite gewesen«. Mach dir klar, dass du wahrscheinlich alles getan hast, was du tun konntest. Mehr ging nicht. Du bist »nur« ein Mensch, du hast Grenzen, Bedürfnisse und du machst Fehler. Das ist absolut in Ordnung. Du hast ein Recht auf ein eigenes, glückliches Leben und Zeit für dich.

Vielleicht hilft dir diese Idee dabei, Frieden mit dem zu finden, was du dir vorwirfst: Schreibe deine Selbstvorwürfe auf einen Zettel. Darunter schreibst du dann, dass du dir diesen Fehler selbst vergibst. Manchmal ist das nicht möglich, dann kann es helfen, zum Beispiel zu schreiben: »Ich beginne, mir selbst zu verzeihen« oder »Ich arbeite daran, mir selbst zu verzeihen«. Lass die Sätze auf dich wirken und nach und nach kannst du entscheiden, was du mit ihnen machen möchtest. Du kannst die einzelnen Sätze zum Beispiel ausschneiden und diejenigen verbrennen, die du nicht mehr sehen möchtest. Du allein entscheidest, was sich gut und richtig anfühlt und was du gehen lassen möchtest.

Integrieren *statt* loslassen

So oft sagen uns Menschen, dass wir den Verstorbenen loslassen sollen. Uns hat das immer irritiert. Was genau bedeutet das? Wenn ich etwas loslasse, dann habe ich es ja gar nicht mehr, dann ist es irgendwie weg.

Die moderne Trauerliteratur spricht nicht von Loslassen, sondern von Integrieren, d.h. dem Verstorbenen im eigenen Leben und im eigenen Inneren einen Platz geben. Das finden wir viel schöner und richtiger, denn der Verstorbene hatte ja einen Wert in unserem Leben und in unserer Beziehung, Erinnerung etc. Das geht ja nicht einfach verloren. Es geht darum, für den Verstorbenen einen Platz zu finden, zum Beispiel im Herzen, und ihn als inneren Begleiter und vielleicht auch Ratgeber im eigenen weiteren Leben mitzunehmen. Das braucht Zeit, passiert aber im Normalfall im Laufe des Trauerprozesses. Du kannst dir aber auch immer wieder einmal die Frage stellen, wo und in welcher Form der Verstorbene dich weiter begleiten soll.

Manchmal hilft ein Symbol dabei oder ein Schmuckstück, das du schon hast oder anfertigen lässt.

Ein Symbol ist ein Sinnbild, d.h. es steht stellvertretend für etwas oder jemanden. Wir haben festgestellt, dass zwei Arten von Symbolen hilfreich sein können.

Zum einen die Symbole, die an den Verstorbenen erinnern. Sie bieten zwar keinen vollwertigen Ersatz, aber vielleicht ein bisschen Trost und Hilfe. Zum Beispiel:

- ein Kuscheltier (vielleicht aus Kleidungsstücken des Verstorbenen*)
- ein Kleidungsstück des Verstorbenen
- ein gemeinsames Erinnerungsstück
- ein Schmuckstück

Zum anderen gibt es Symbole, die für dich und deinen weiteren Lebensweg stehen und dir Halt geben können. Zum Beispiel:

- dein Lebensmotto, zum Beispiel an der Zimmerwand
- Postkarten mit Zitaten
- ein Schmuckstück mit einer bestimmten Gravur

Es besteht mittlerweile auch die Möglichkeit, aus einem Kleidungsstück eines Verstorbenen ein Kuscheltier fertigen zu lassen. Manche Anbieter bieten Kurse an, in denen du das selbst machen kannst. So hast du ein einzigartiges Erinnerungsstück, das du festhalten, aber auch mal weglegen kannst, wenn du es gerade nicht haben willst.

Wie
hat sich
meine Trauer
schon
verändert?

Oft sehen wir unsere eigenen Fortschritte und das, was sich verändert hat, gar nicht. Trauer kommt in Wellen und wenn sie kommt, dann scheint alles wie damals zu sein.
Doch lass uns mal ganz ehrlich und genauer hinsehen ...

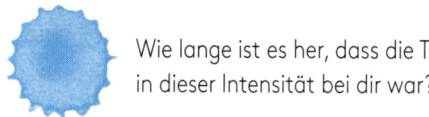 Wie lange ist es her, dass die Trauer in dieser Intensität bei dir war?

 Gab es in der Zwischen-zeit schöne Momente?

 Wann hast du das letzte Mal gelacht oder etwas genossen?

Wenn deine Trauer jetzt eine Person, ein Symbol, ein Tier oder eine Farbe wäre, wie ist sie jetzt und wie war sie vorher?

  Wozu mag es gut sein, dass die
Trauer gerade jetzt auftaucht?

 Was möchte sie dir sagen?

Was brauchst du genau jetzt, um gut für dich zu sorgen?

 Stell dir deine Trauer als einen Weg vor:
Wie weit bist du schon gegangen?

Welche Veränderungen fallen dir noch ein?

Ich
mache
das
gut!

Jeder Zeitpunkt der Trauer und auch der Wiedereintritt in die »Normalität« stellen hohe Anforderungen an dich.

Schreibe dir auf, was du schon alles geschafft oder erreicht hast. Lobe dich selbst dafür. Oder du schreibst kleine Zettel mit dem, was dir gelungen ist, worauf du stolz bist, was du schon erreicht hast, und legst sie in ein schönes Gefäß. Auf solche Zettelchen kannst du abends auch schöne Dinge aufschreiben, die am vergangenen Tag geschehen sind. Es passiert immer etwas Positives und es ist wichtig, das zu realisieren. Ein Besuch, ein interessantes Gespräch, der Sonnenaufgang – all das will gesehen und gewürdigt werden. Dankbarkeit ist eine große Energiebringerin. Wenn du entmutigt, verzweifelt oder hoffnungslos bist, kannst du dir die Zettel wieder durchlesen.

Was habe ich schon erreicht in meiner Trauer?
Worauf bin ich stolz?
Was würde den Verstorbenen besonders freuen?

Freude, Liebe, Hoffnung, Spaß

Es mag ein komisches Gefühl sein, wenn wir das erste Mal nach dem erlittenen Verlust beginnen, Freude, Liebe, Hoffnung oder Spaß zu empfinden. Schnell taucht die Frage auf: Darf ich das schon? Wir finden: JA! Sie alle geben dir Kraft, erinnern dich an schöne Momente, lassen dich die Zukunft sehen. Sie fordern deinen Lebenswillen heraus und das macht sie so wertvoll. Wir möchten dich ermutigen, diese Gefühle zuzulassen. Sie gehören zum Leben dazu und sollen Stück für Stück wieder mehr Platz in deinem Leben bekommen. Das erscheint am Anfang zwar schwierig, aber du hast ja den Verstorbenen nicht weniger geliebt oder vergisst ihn schneller, wenn du lachst und tanzt. Der Verstorbene hat immer einen Platz in deinem Herzen. Und sicher wird er sich freuen, wenn es dir gut geht und Leichtigkeit und Lebendigkeit wieder Einzug in dein Leben halten dürfen.

Ich will dich nicht ersetzen

Du hast dein Kind oder deinen Partner verloren und irgendwann wächst vielleicht der Wunsch danach, wieder ein Baby zu bekommen oder eine neue Beziehung einzugehen?

Und gleichzeitig gibt es da Stimmen in dir, die glauben, dass du damit den geliebten verstorbenen Menschen dann vergessen oder gar ersetzen wirst?

Wir wissen, wie schwierig diese Gedanken sind, und gleichzeitig glauben wir daran, dass du das Recht hast, ein Kind zu bekommen oder eine neue Partnerschaft einzugehen. Keiner kann einen anderen ersetzen, denn wir sind alle unterschiedlich. Die für dich wichtige Person bleibt immer in deinem Herzen und wird immer ihren Platz haben. Aber in deinem Herzen ist noch mehr Platz, nämlich für den neuen Menschen, den du in deinem Leben willkommen heißen möchtest. Wann das ist und ob überhaupt, das entscheidest du ganz allein, aber es ist wichtig, dass du dir die Erlaubnis gibst, darüber nachzudenken und nachzuspüren.

 Was würde der geliebte verstorbene Mensch dir in Bezug auf deinen Wunsch sagen?

Du darfst wieder glücklich sein!

Das Leben nach dem Tod eines geliebten Menschen ist definitiv anders als vorher, aber wir sind überzeugt davon, dass es wieder glücklich werden kann.

Wichtig ist, dass du dir erlaubst, wieder glücklich zu sein. Manche Menschen glauben, dass sie das nach einem Verlust nicht mehr dürfen. Aber du bist am Leben und du hast das Recht, wieder zu lachen, zu leben und fröhlich zu sein.

Alles, was du dir wünschst, darfst du auch. Vielleicht fragst du einmal den Verstorbenen, wie er das sieht. In den meisten Fällen sind wir uns sicher, dass er dein Glück möchte.

Dort, wo das nicht der Fall ist, sagen wir dir: DU DARFST und DU SOLLST SOGAR! Wir wünschen es dir von Herzen.

Wenn du spürst, dass du wieder träumen und wünschen kannst, dann fange an, dir eine Liste mit den Dingen zu schreiben, die du in deinem Leben unbedingt noch machen und erleben möchtest. Das Leben ist endlich. Der Tod erinnert uns daran, dass wir nur eine bestimmte Zeit haben, um die Dinge zu tun, die uns wichtig sind. Diese Liste kann dir Hoffnung in schwierigen Zeiten geben und eine große Freude, wenn du einen Punkt davon bereits erlebt hast.

Diese Dinge möchte ich in
meinem Leben unbedingt
noch machen und erleben:

In die
Zukunft
blicken

Schreibe dir selbst einen Zukunftsbrief. Drücke die Hoffnungen, Wünsche und Bedürfnisse aus, die du hast und die du irgendwann gerne wieder erfüllt haben möchtest. Schreibe dich selbst liebevoll und motivierend an. Das mag zunächst einmal unmöglich erscheinen, aber wir sind uns sicher, dass es einen Versuch wert ist.

Wer bin ich ohne dich?

In schwierigen Situationen entdecken wir uns und unsere Fähigkeiten häufig neu. Wir erweisen uns als stärker, einfühlsamer oder klarer, als wir dachten. Manchmal entwickeln wir Kräfte, von denen wir gar nichts geahnt haben. Diese können uns in der Zukunft sehr helfen.

Mit dem Tod des geliebten Menschen ist häufig auch ein Teil unserer Identität und unserer Rollen verloren gegangen, die wir im aktiven Leben als Mutter, Vater, Partnerin o.Ä. gelebt haben. Das gibt uns als nicht mehr akut Trauernde manchmal das Gefühl, orientierungslos zu sein. Deshalb ist es sinnvoll, sich mit der Frage auseinanderzusetzen, wer ich ohne den geliebten Verstorbenen bin. In welcher Form bleiben meine Rollen? Wie dürfen sie sich verändern? Welche Dinge sind mir heute wichtig geworden? Was möchte ich nicht mehr weiter leben? Was macht mich jetzt ganz speziell ohne den anderen aus? Worauf bin ich stolz?

All das sind nur ein Teil der Fragen, die du dir stellen kannst. Vielleicht hast du ja Lust, dir alles aufzuschreiben, was dir zu der obigen Frage einfällt. Das kann auch über einen längeren Zeitpunkt gehen und darf auch Fragen beinhalten, die du dir noch nicht beantworten kannst. Wir sind uns sicher, dass deine neue Identität mit der Zeit immer klarer werden wird.

Wenn du Lust hast, kannst du auch richtig kreativ werden. Gestalte dir eine Pinnwand oder ein großes Blatt Papier mit deinen Antworten, die du schon gefunden hast. Erweitere die Kategorien um alles, was dir wichtig ist. Wohin fährst du jetzt am liebsten in Urlaub? Was schmeckt dir am besten? Welche Werte sind dir wichtig (geworden)? Welche neuen Bedürfnisse hast du entdeckt? Was willst du nicht mehr missen? Welche Menschen oder Dinge gehören in dein »neues« Leben?

Auf der nächsten Seite kannst du malen oder alles, was du entdeckst, in Form einer Collage kleben.

Abschied
von der
Trauerrolle

Es ist Zeit ins Land gegangen und du hast Schritt für Schritt den Verlust integriert und dein Leben wieder in die Hand genommen. Dennoch fühlt es sich irgendwie komisch an. Du fühlst dich wie zwischen den Welten – nicht mehr in der Trauerrolle, aber auch nicht ganz in einem neuen Leben angekommen. Lange Zeit war die Trauer deine ständige Begleiterin, jetzt kommt sie seltener vorbei und irgendwie weißt du gar nicht so richtig, wer du jetzt bist. So schlimm die akute Trauerzeit auch war, hast du gelernt, dich darin zurechtzufinden. Für die neue Situation als nicht mehr »akut« Trauernde hast du so gar kein Werkzeug und keinen Fahrplan. Deshalb ist es jetzt wichtig, Abschied von der aktiven Trauerrolle zu nehmen. Sie wird uns nie ganz verlassen, so wie der Verstorbene uns nie ganz verlässt, aber eine neue Zeit mit vielen Möglichkeiten bricht an.

Viele Trauernde erleben jetzt noch einmal einen Einbruch, denn der Abschied von der Trauerrolle ist auch wieder ein Abschied. Es geht in dieser Zeit auch darum, sich aus der »Opferrolle« in die Selbstbestimmung zurückzubewegen. Die Menschen um uns herum nehmen unsere Trauer nicht mehr so wahr und das kann weh tun. Es birgt aber auch die große Chance, uns neu zu entdecken. Die Zeit ist hier eine wichtige Helferin. Nimm sie dir und sorge für dich. Sei gnädig mit dir und mache dir klar, was du alles geschafft hast und wie stark du gewesen bist. Bedanke dich bei dir selbst dafür. Wer bist du jetzt, ohne die akute Trauer? Das ist wie eine spannende Reise zu sich selbst. Sehr aufregend und ein wenig angsteinflößend. Vielleicht fühlst du dich ein bisschen so, wie ein Kind, das laufen lernt. Hab Geduld mit dir. Es wird Schritt für Schritt einfacher und klarer werden.

Ein paar Worte zum Schluss

Hier endet unser kleiner Trauerbegleiter. Danke, dass wir dich ein Stück begleiten durften.

Wir wünschen dir von Herzen, dass du auf deinem Trauerweg auch schon einiges Neues, Leichtes und Schönes erleben durftest und dass noch viele glückliche Momente auf dich warten. Der geliebte verstorbene Mensch ist immer in deinem Herzen, da sind wir uns sicher.

Nur das Allerbeste für dich!

Mit herzlichen Grüßen

Deine Natalie und Jeanine

Hilfreiche Adressen

Vielen Menschen in der Trauer geht es so, dass sie gar nicht wissen, an wen sie sich wenden können, wenn sie Hilfe brauchen oder sich unterstützen lassen möchten. Deshalb möchten wir dir hier ein paar Möglichkeiten aufzeigen.

Die **Telefonseelsorge Deutschland** ist zu jeder Tages- und Nachtzeit und auch an Sonn- und Feiertagen erreichbar. Hier findest du anonym und kostenfrei Menschen, die dir zuhören. Erreichbar ist die Telefonseelsorge unter **0800 111 0 111** oder **0800 000 111 0 222** oder **0800 116 123**. Du möchtest lieber schreiben als sprechen? Auch das ist unter **https://www.telefonseelsorge.**de per Mail oder im Chat möglich.

Auch dein **Hausarzt** oder deine **Hausärztin** ist eine gute Anlaufstelle, um nach Unterstützungsmöglichkeiten zu fragen. Er oder sie hilft dir auch bei gesundheitlichen Symptomen der Trauer und kann abklären, welchen Ursprung diese haben.
Auch wenn Trauer keine Krankheit ist, kann es sein, dass eine **Psychotherapie** hilfreich für dich ist. Adressen können dir dein Hausarzt oder deine Krankenkasse geben.

TrauerbegleiterInnen sind Menschen, die sich mit Trauerprozessen gut auskennen und dich auf deinem Weg begleiten können. Hier kannst du alles ansprechen, was dir auf der Seele liegt – Schönes und Schweres. Regionale Adressen findest du im Internet.
Die meisten Kirchen haben **SeelsorgerInnen**, mit denen du sprechen kannst. Auch PastorInnen und PfarrerInnen stehen sicherlich gerne für hilfreiche Gespräche zur Verfügung. Bitte erkundige dich bei deiner Gemeinde.

Wenn es dir akut nicht gut geht und du sogar Suizidgedanken hast, dann wende dich an die **Notfallambulanz** eines jeden Krankenhauses. Hier findest du Tag und Nacht Hilfe.

Es ist für viele Menschen hilfreich, mit anderen Betroffenen zu sprechen und sich auszutauschen. Das kannst du in **Selbsthilfegruppen**, **Trauergruppen** oder **Trauercafés** tun. Unter **www.trauergruppen.de** oder im Internet an sich findest du überregionale Angebote.

Manche Vereine und Trauergruppen sind überregional organisiert, andere bieten nur regionale Angebote an.

Überregional findest du, je nachdem, wer gestorben ist, Hilfe bei:

Verwaiste Eltern und Geschwister e.V.
https://www.veid.de
AGUS – Angehörige um Suizid
https://www.agus-selbsthilfe.de
Bundesverband Trauerbegleitung e.V.
https://bv-trauerbegleitung.de
Für Menschen, die jung ihren Partner verloren haben
https://www.verwitwet.de

Zu guter Letzt empfehlen wir dir hier noch ein paar regionale Angebote, die uns bekannt sind und deren Arbeit wir sehr schätzen:

Vergiss mein nicht – Trauer Leben (Hamburg)
https://www.vergissmeinnicht-trauer.de
Lavia – Institut für Familientrauerbegleitung (NRW)
https://www.familientrauerbegleitung.de
ITA – Institut für Trauerarbeit Hamburg
http://www.ita-ev.de

Die Autorinnen

Natalie Katia Greve arbeitete 13 Jahre als Führungskraft im Bereich Tourismus und Mediawesen. Nach dem Suizid ihres Lebensgefährten entschloss sie sich, ihr berufliches Leben komplett zu verändern und ihrer Leidenschaft, der Begleitung von Menschen in Veränderungsprozessen, zu folgen. Heute ist sie als Business Coach, Heilpraktikerin für Psychotherapie und Trauerbegleiterin erfolgreich selbstständig. Neben Führungskräfte-, Team- und Persönlichkeitsentwicklung liegt ihr Schwerpunkt auf betrieblicher Trauerbegleitung und Krisenmanagement. 2015 gründete sie zusammen mit einer Kollegin »Vergiss mein nicht«, wo sie ehrenamtlich Trauerbegleitung anbietet.
Weitere Informationen unter
www.natalie-katia-greve.de und
www.vergissmeinnicht-trauer.de

Jeanine Reble arbeitete in verschiedenen Kliniken als MTRA. Nach einiger Zeit wuchs der Wunsch in ihr, Menschen in Krisensituationen besser unterstützen zu können. Sie machte zahlreiche Aus- und Weiterbildungen, unter anderem als Heilpraktikerin für Psychotherapie, Systemischer Coach, Changesupervisorin und körperorientierte Traumabearbeitung. Während ihrer Arbeit in der psychosozialen Betreuung lernte sie viel darüber, wie man praktische Hilfe und psychologische Begleitung miteinander kombiniert. Heute arbeitet sie als Graphic Facilitator sowie als Coach und Trainerin, um Menschen in Krisen und Veränderungsprozessen zu begleiten.
Weitere Informationen unter **www.jeanine-reble.com**